Andrea Langos

Pfiffige
Ratten

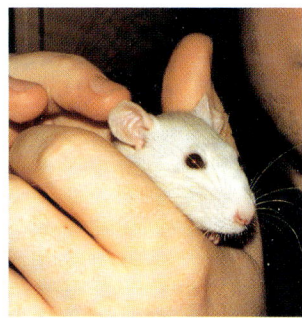

Kosmos

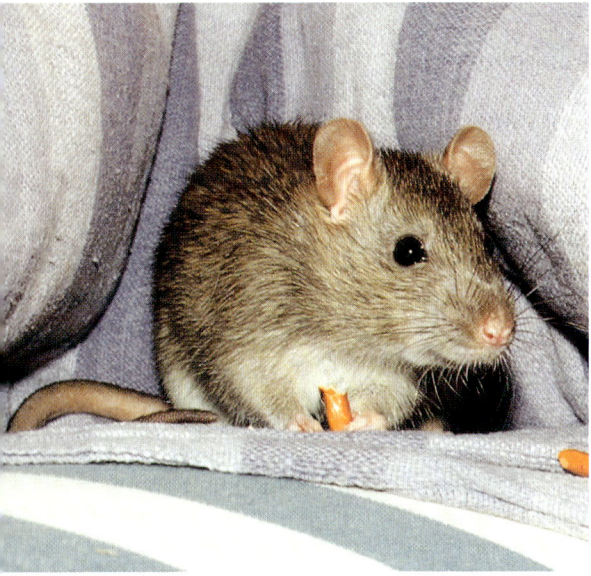

Die meisten Ratten lieben gemütliche und kuschelige Plätzchen.

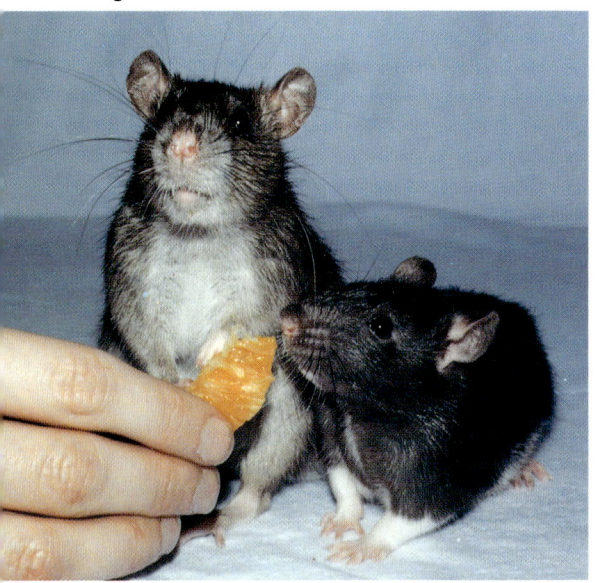

Frisches Obst und Gemüse sind auch für die kleinen Nager lecker und gesund.

Inhalt

Ratten sind reinliche Tiere.

Herkunft und Geschichte

Liebenswerte Farb-ratten

Die putzigen Ratten gewinnen immer mehr Freunde und werden von Jung und Alt als liebenswerte und zutrauliche Heimtiere geschätzt.

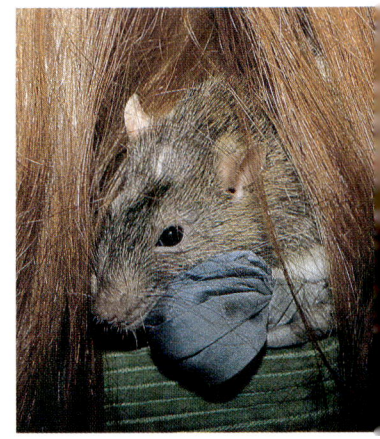

Ein beliebter Platz

Ratten sind gesellige Tiere, die sich in der Gruppe wohl fühlen.

Neugierig erkundet sie ihre Umgebung.

Wie oft bekommt man den Satz zu hören: „Letztens habe ich eine wilde Ratte gesehen, die war riesengroß!" Der Gesprächspartner zeigt mit beiden Händen die Grö-

Ratten werden schnell zutraulich.

ße der Ratte. Entweder ist die Größe des Tieres mit über einem halben Meter übertrieben, oder – wahrscheinlicher – das Tier war keine „echte" Ratte, sondern eine Bisamratte.

VERWANDTSCHAFT

Zoologisch gesehen gehören zur Familie der Echten Mäuse (Murinae) nur die Wanderratte (Rattus norvegicus) und die Hausratte (Rattus rattus). Weitere Tiere, die das Wort „Ratte" im Namen tragen, zählen zu den Wühlmäusen oder den Biberoder Ferkelratten, also zu anderen Nagetierfamilien.

LEGENDEN UND MYTHEN

Wie in anderen Lebensbereichen auch, entstehen Vorurteile durch Unwissenheit. Die Angst vor der Krankheitsübertragung ist heute noch mit der gravierendste Grund für die Ablehnung von Ratten, wenngleich Tiere wie Igel und Tauben, Hunde und Katzen ebenso Krankheiten übertragen können. In Mitteleuropa besteht heutzutage keine wirkliche Bedrohung mehr durch Ratten.

Ratten haben sich – vom Menschen geschaffene – Lebensräume wie die Kanalisation und Müllhalden erschlossen, die wir als eklig und abstoßend empfinden, was wir auf die Tiere projizieren. Daß Ratten durch die Toilette kommen, um Menschen anzufallen, zählt mit zu den unausrottbaren Horrormärchen.

Im Normalfall flüchtet eine wildlebende Ratte vor dem Menschen. Nur ein in die Enge getriebenes Tier wird unter Umständen aus Selbsterhaltungstrieb angreifen. Für viele Menschen ist der Rattenschwanz letztes Argu-

Hausratten sind sehr selten geworden.

ment für ihre Ablehnung. Es ist die Assoziation mit Wurm und Schlange, die den anerzogenen Ekel vor dem Rattenschwanz auslöst. Genau betrachtet ist der Schwanz jedoch nicht nackt, sondern mit kleinen Schüppchen und Härchen versehen. Er erfüllt mehrere wichtige Funktionen: Zum einen ist er für das Gleichgewicht notwendig und dient manchmal als „fünfter Arm" beim Klettern. Zum anderen regelt das Tier über seine weitgehend unbehaarten Stellen, also hauptsächlich den Schwanz, die Körpertemperatur. Deshalb kann er sich kühl oder warm anfühlen.

Unsere Farbratten stammen von der Wanderratte ab.

HAUSRATTEN, WANDERRATTEN

In Deutschland gibt es zwei Wildformen: die selten gewordene und unter Artenschutz stehende Haus- oder Dachratte (Rattus rattus) und die Wanderratte (Rattus norvegicus).

Wanderratten, von denen unsere Farbratten (Rattus norvegicus domesticus) abstammen, erreichen eine Körperlänge von 20 bis 28 cm ohne Schwanz. Der Schwanz mißt einige cm weniger als der Körper. Das Gewicht beträgt maximal 600 g.

Wanderratten leben in selbstgegrabenen Erdhöhlen, aber auch in allen möglichen anderen Schlupfwinkeln, die sie in der Nähe von menschlichen Siedlungen finden. Die äußerst anpassungsfähige Wanderratte stammt aus Asien, ihre Hauptausbreitung in Europa erfolgte im 18. Jahrhundert.

Die Hausratte ist in Deutschland selten anzutreffen. Im Gegensatz zur Wanderratte liegt ihr Verbreitungsgebiet mehr im Süden und Westen Europas, was allerdings nicht immer so war. Bereits in frühgeschichtlicher Zeit kam sie aus Indien nach Europa und wurde in manchen Gebieten zur „Plage". Hausratten bewohnen Gebäude, vor allem trockene Dachböden. Ihr Körperbau ist zierlicher als der der Wanderratten, sie erreichen eine Körperlänge von 15 bis 23 cm. Der Schwanz ist etwas länger als der Körper, die Ohren sind größer als bei der Wanderratte.

FARBRATTEN ALS HEIMTIERE

Das Bild der Farbratte als Heimtier ist stark im Wandel begriffen. Immer mehr Menschen entscheiden sich bei der Wahl eines vierbeinigen Gefährten für Ratten. Was führt dazu, daß sie als Heimtiere immer populärer werden?

Unter den Nagern gibt es kaum ein Tier, das so unproblematisch zu halten ist, dank seiner Neugierde so zutraulich werden kann und durch ausgeprägtes Sozialverhalten und den Spieltrieb so abwechslungsreiche Beobachtungen ermöglicht!

Eine neue Umgebung wird sofort erkundet.

Ratten unternehmen am liebsten alles gemeinsam.

Die Neugier ist groß, doch man sollte die beiden nie unbeaufsichtigt lassen.

Zubehör und Kauf

Farbratten als Heimtiere

Farbratten ins Haus zu holen bedeutet Verantwortung zu übernehmen. Es sind soziale Tiere, die mindestens zu zweit gehalten werden sollten. Ideal ist eine Gruppe gleichgeschlechtlicher Tiere, um Nachwuchs zu vermeiden.

Für die Lebensdauer von ca. 1,5 bis 3 Jahren heißt es, die Tiere täglich zu versorgen und sich mit ihnen zu beschäftigen.

Darum sollten Sie sich vor der Anschaffung gut informieren, damit sich das Zusammenleben mit den neuen Hausgenossen harmonisch gestaltet.

RATTEN FÜR KINDER

Sehr oft sind es Kinder, die bei ihren Eltern den Wunsch äußern, Ratten haben zu wollen. Kinder sehen Ratten unvoreingenommen so, wie

Höhlen werden gerne erkundet und benutzt.

Ratten sind Leckermäuler, die gern Obst fressen.

sie tatsächlich sind: nämlich freundlich im Wesen, neugierig und possierlich. Kinder unter 10 Jahren sollten nur mit Hilfe und unter Aufsicht Erwachsener an der Rattenpflege beteiligt sein. Kleinen Kindern fehlt die nötige Feinmotorik, um Ratten richtig hochzunehmen, sie nicht fallen zu lassen oder beim Spielen zu erdrücken. Auch werden Kleinkinder oft ungeduldig, wenn die Ratten tagsüber lieber ungestört schlafen möchten, statt zu spielen.

Zahme Ratten genießen den Kontakt mit ihren Menschen.

VORHER ALLERGIEN FESTSTELLEN

Vor dem Kauf der Farbratten sollte jedes Familienmitglied einen Allergietest beim Hautarzt durchführen lassen. Tritt eine Allergie erst während der Rattenhaltung auf, muß dies nicht bedeuten, die liebgewonnenen Pfleglinge abgeben zu müssen. Viele Allergiebeschwerden lassen sich mit Veränderungen im Zusammenleben mit den Tieren auf ein akzeptables Minimum beschränken: Man trägt langärmlige Kleidung, läßt die Tiere nicht auf der bloßen Haut herumturnen und bringt das Rattenheim nicht im hauptsächlich benutzten Wohnraum unter.

Kinder ab 10 Jahren können mit elterlicher Unterstützung Ratten artgerecht halten. Konsequente tägliche Zuwendung und Pflege sind Voraussetzung, damit die ganze Familie Freude an den tierischen Mitbewohnern hat.
Wenn auch die Eltern uneingeschränkt „Ja" zu den neuen Hausgenossen sagen können und im Notfall oder bei vorübergehendem Desinteresse des Kindes die gesamte Pflege übernehmen können, steht dem gemeinsamen Menschen- und Tierglück wohl nichts mehr im Wege.

TIERE FÜR ERWACHSENE

Ratten sind keineswegs nur Schmusetiere für Kinder und Jugendliche. Es sind ideale Heimtiere für Tierfreunde aller Altersklassen, da Ratten durch ihr nettes, possierliches Wesen bestechen und aufgrund ihres ausgeprägten Sozialverhaltens sehr gut zum Beobachten geeignet sind.
Für berufstätige Menschen sind Ratten nahezu ideale Heimtiere, da sie ihre Hauptaktivitätszeiten in den frühen Morgen- und Abendstunden haben.

DIE RECHTSLAGE

Unsere seit über 100 Jahren domestizierten Ratten wer-

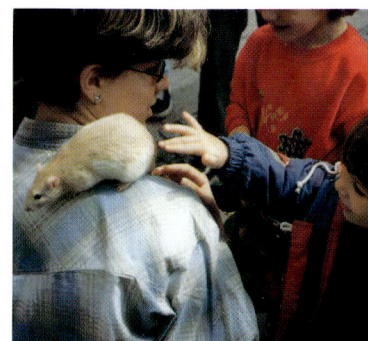

Zahme Ratten erregen immer Aufmerksamkeit.

Besonders gern klettern sie auf die Schulter.

den wie Hamster, Mäuse, Rennmäuse, Meerschweinchen und Zwergkaninchen zu den Kleintieren gezählt. In einem anerkannten Mietrechtsbuch werden zahme Ratten als nicht genehmigungspflichtige Kleintiere in einer Mietwohnung be-

schrieben. Da von ihnen bei artgerechter und normaler Haltung keine Geruchsbelästigung oder eine Beschädigung der Mietsache ausgeht, sollte es bei der Haltung in einer Mietwohnung im üblichen Rahmen keine Probleme geben.

DER RICHTIGE PLATZ

Es ist selbstverständlich, daß das Rattenheim in den eigenen Wohnbereich integriert wird. Somit haben die neugierigen Farbratten die Möglichkeit, am Geschehen um sie herum teilzuneh-

Geräumiges Heim mit Kletter- und Spielmöglichkeiten

von Raubvögeln. Steht das Heim direkt auf dem Boden, setzt man damit auch die domestizierten Farbratten unbewußt unter Streß. Der Halter selbst kann durch den erhöhten Standplatz des Rattenheimes die Tiere besser beobachten und versorgen.

Bedenken Sie: Das Rattenheim darf nicht in der Zugluft stehen, die Bewohner werden davon unweigerlich krank (Erkältung oder Lungenentzündung). Bei niedrigen Außentemperaturen wird das Heim während des Zimmerlüftens kurz abgedeckt.

TIP: Am besten testet man den geplanten Standort des Rattenheimes zuvor mit einer brennenden Kerze, um Zugluft zu vermeiden.

Ratten haben empfindliche Atemwege und ein ausgeprägtes Gehör. Deshalb sollte zu ihrem Wohl auf Zigarettenqualm und laufende Fernsehgeräte oder aufgedrehte Stereoanlagen in ihrer Nähe verzichtet werden. Hat man sich für einen Standort des Heimes in der Wohnung entschieden, sollte er beibehalten werden. Denn Farbratten sind trotz ihrer Anpassungsfähigkeit Gewohnheitstiere.

men. Der Standort soll hell und warm, jedoch nicht direkt am Fenster oder vor der Heizung sein. Bei einem Fensterplatz ist besonders im Sommer durch starke und direkte Sonneneinstrahlung auf die Tiere die Gefahr eines Hitzschlages gegeben. Direkt an der Heizung ist die Luft zu trocken. Das Rattenheim sollte sich möglichst auf Tischhöhe an einem festen Platz in der Wohnung befinden. Ratten sind in der Natur Beutetiere

ZEIT UND GELD

Ratten sind bewegungsfreu-
dig, neugierig und intelli-
gent. Sie brauchen Ab-
wechslung vom Käfigalltag
und den Kontakt zu ihrem
Pfleger, da sie sonst Verhal-
tensstörungen zeigen kön-
nen und sich dem Men-
schen entfremden werden.
Mindestens ein bis zwei
Stunden täglich sollte man
für seine Ratten Zeit finden,
um sich mit ihnen zu be-
schäftigen, zu spielen und
sie beim Auslauf zu beob-
achten.
Eine wöchentliche gründli-
che Reinigung des Ratten-
heimes muß für das Wohl-
befinden der Tiere gewähr-
leistet sein. Gedanken
über die Versorgung
der Ratten während ei-
nes Urlaubs muß man
sich unbedingt vor dem
Kauf machen.
Zu rechnen ist mit den
Anschaffungskosten für
ein rattengerechtes
Heim und immer wie-
derkehrende Einstreu-
und Futterkosten. Er-
fragen Sie die aktuellen

**Handelsübliche Heime werden mit zusätzlichen Etagen ausge-
stattet.**

Preise beim Zoofachhänd-
ler. Eine Alternative können
(auch gebrauchte, gut erhal-
tene) Streifenhörnchen-
oder Chinchillaheime sein.
Ratten müssen nicht ge-
impft werden, eine
notwendige Behand-
lung beim Tierarzt
kann jedoch nicht
ausgeschlossen
werden. Die
Tierarztkosten

**Täglicher Auslauf
ist wichtig.**

Viele Rattenbesitzer haben auch andere Tiere.

können dann die Anschaffungskosten des Tieres bei weitem übersteigen.

Man sollte sich gut überlegen, ob sich die Tiere in das bisherige Leben integrieren lassen. Wenn Bedenken aufkommen, überlegt man die Anschaffung besser noch einmal, denn es ist sehr schwierig, Ratten wieder in gute Hände abzugeben. Für seine Tiere trägt man während ihrer gesamten Lebensdauer die volle Verantwortung.

ANDERE HEIMTIERE

Farbratten kann man parallel mit den verschiedensten Tieren in einer Familie halten. Ernsthafte Probleme gibt es mit Ziervögeln und kleineren Säugetieren wie Hamstern, Mäusen oder Gerbils, die den natürlichen Jagdinstinkt der Ratte wekken können. Große Papageien können der Ratte mit ihrem Schnabel ernsthaften Schaden zufügen. Um blutige Zwischenfälle zu vermei-

den, sind möglichst getrennte Zimmer, aber auf jeden Fall getrennter Auslauf/Freiflug erforderlich. Strikt darauf geachtet werden sollte, daß die Ratten nicht an oder auf Käfige anderer Tiere gelangen.

Ratten vertragen sich gewöhnlich mit Meerschweinchen und Kaninchen. Meist sind die größeren Nager verschüchtert und verstekken sich im Häuschen, wenn die pfiffigen Ratten durch die Gitterstäbe schlüpfen, um den anderen dreist den Futternapf zu leeren. Ernsthafte Probleme und blutige Zwischenfälle gibt es bei diesen Tierarten normalerweise nicht.

Trotzdem ist es aber besser, das Meerschweinchen- und Kaninchenheim außer Reichweite der Ratten aufzustellen.

Bei Hund und Katze hängt ein gutes Zusammenleben weniger von der Ratte als vielmehr von der Friedfertigkeit des größeren Familienmitgliedes ab.

Oft ist es auch die Ratte selbst, die durch Zwicken in neugierige Hunde- und Katzennasen an den Gitterstäben für den nötigen Respekt sorgt.

Beim täglichen Rattenauslauf sollten Hunde und Katzen jedoch keinen Zugang zu den Langschwänzen bekommen.

Ein gemütlicher Platz

einzeln gehaltenen Ratte beschäftigt, kann ich nicht gelten lassen. Auch der Mensch fühlt sich nur im „Rudel" glücklich. 80 Jahre lang ohne jeglichen menschlichen Kontakt auszukommen, wäre doch unvorstellbar! Da eine Vergesellschaftung von sich fremden erwachsenen Tieren in der Regel nicht ohne Schwierigkeiten abläuft, ist es sinnvoll, sich von Anfang an für mindestens zwei Rättinnen oder Böcke zu entscheiden, die

EINE ODER MEHRERE RATTEN?

Wildlebende Wanderratten sind sehr soziale Tiere, die in Rudeln leben. Dies gilt ebenso für unsere domestizierten Heimtiere. Sie putzen sich gegenseitig, spielen miteinander, schlafen eng aneinandergekuschelt und unterhalten sich unter anderem im Ultraschallbereich. Eine Gruppenhaltung von bis zu sechs gleichgeschlechtlichen Tieren wäre ideal. Sie sollten jedoch mindestens zwei gleichgeschlechtliche Tiere halten, um eine artgerechte Lebensweise zu gewährleisten. Der Mensch kann nie den Artgenossen ersetzen!
Das Argument, daß man sich doch genügend mit einer

Das Verhalten der Ratten ist interessant zu beobachten.

aus einem Wurf stammen oder im Alter von vier bis zwölf Wochen vergesellschaftet werden. Zwei und mehr Tiere werden genauso zahm wie eine einzelne Ratte und machen nur unwesentlich mehr Arbeit.

In der Gruppe können sich die Ratten miteinander beschäftigen, betreiben gegenseitige Fellpflege, spielen zusammen und schlafen aneinandergekuschelt.

MÄNNCHEN ODER WEIBCHEN?

Ob Sie sich nun für Rättinnen oder Böcke entscheiden – beide Geschlechter besitzen Charme und werden die Herzen ihrer Familie im Sturm erobern. Die Pflegeansprüche sind dieselben, jedoch gibt es geschlechtsspezifische Unterschiede, die die Entscheidung erleichtern können.

Rattenböcke sind
▶ gemütlich und verschmust gegenüber dem Menschen,
▶ in Gruppenhaltung etwas unruhiger, da in meist ungefährlichen „Kämpfen" die notwendige Rangordnung ausgemacht wird,
▶ klettern nicht so gerne und gut,
▶ sie markieren ihr Revier verstärkt,
▶ der Nagetrieb ist weniger ausgeprägt,

Ratten sollte man nicht einzeln pflegen.

Der Karton wird bald zerlegt ...

► sie wiegen zwischen 400 und 600 Gramm.

Rättinnen sind
► flink,
► unternehmungslustig,
► in Gruppenhaltung untereinander meist verträglicher als Männchen, die Rangordnung wird jedoch auch „erkämpft",
► klettern meist sehr gern und gut,
► der Nagetrieb ist stärker,
► wiegen zwischen 250 und 400 Gramm.

Ausnahmen bestätigen allerdings auch hier die Regel – man sollte nicht vergessen, daß jede Ratte einen ausgeprägten Charakter besitzt und kein Tier mit dem anderen vollkommen verglichen werden kann.

Selbst Geschwister aus einem Wurf zeigen mitunter völlig verschiedene Verhaltensweisen. Während die eine Ratte sehr aktiv, aufgeweckt und verspielt sein kann, wird die andere vielleicht eher ein Faulpelz sein und den Futternapf leerräumen, um sich danach in der Hängematte auszuruhen. Auch ihrem Pfleger gegenüber wird sich jede Farbratte, egal ob Rättin oder Bock, unterschiedlich verhalten. Manch eine Ratte geht beim Auslauf lieber ihre eigenen Wege und erkundet die Umgebung, während die nächste ständigen Kontakt zum Menschen sucht, sich streicheln und kraulen lassen möchte, um schließlich im Schoß ihres Menschen einzuschlafen.

Es wäre falsch, schon vor dem Kauf festgefahrene Anforderungen und Erwartungen an seine zukünftigen Mitbewohner zu stellen, die sich im täglichen Miteinander dann doch nicht erfüllen. Der Halter sollte auf jedes seiner Tiere eingehen, es beobachten und verstehen lernen.

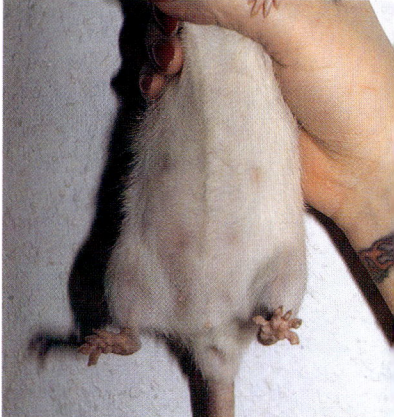

Rättin

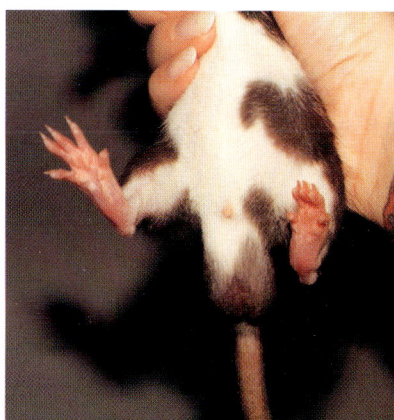

Bock

Viele Zoofachgeschäfte bieten Ratten an.

Sind die Tiere nicht getrennt, ist die Chance recht groß, daß Sie statt der von Ihnen ausgesuchten und gewünschten weiblichen Tiere eine spätere Großfamilie erwerben. Das Fachpersonal sollte Ihnen ohne Schwierigkeiten das Geschlecht der Ratten nennen können. Spätestens ab der 4. Lebenswoche erkennt man bei Rattenböcken deutlich die Hoden. Da die Tiere vorher nicht abgegeben werden können, ist somit auch für einen Laien die Geschlechterunterscheidung sehr einfach.

WIE ALT?

Rattenjunge dürfen frühestens mit 4 bis 5 Wochen von der Mutter getrennt werden. Vorher werden sie noch gesäugt und lernen Verhaltensweisen, die sie für ihr weiteres Leben benötigen.
Werden Jungtiere schon vorher abgegeben, sind sie meist kleinwüchsiger und kränkeln eher als zum richtigen Zeitpunkt abgesetzte Ratten.
Selbstverständlich kann man ebensogut ältere Tiere bei sich aufnehmen. Sie werden auch dann noch eine Beziehung zu „ihrem" Menschen aufbauen können.

WO UND WIE KAUFEN?

Vermeiden Sie Spontankäufe. Erkundigen Sie sich in Tierheimen, ob Ratten zu vermitteln sind. Oft warten dort Jungtiere oder wegen Allergien abgegebene Ratten auf ein neues Zuhause. Tiere bekommen Sie auch aus privater Hand, von verantwortungsvollen Züchtern, die kein Schlangenfutter und somit keine Inzuchttiere produzieren, oder aus dem Zoofachhandel. Die zur Abgabe angebotenen Ratten müssen in der fünften, spätestens aber nach der sechsten Lebenswoche nach Geschlechtern getrennt sein.

Nicht nur junge, auch ausgewachsene werden zahm.

GESUNDHEITS-CHECKLISTE

► Nicht aus Boxen kaufen, wo nicht nach Geschlechtern getrennt wird, außer Sie möchten bereits trächtige Weibchen.

► Das Tier sollte einen gesunden und munteren Eindruck machen.

► Der Körper soll wohlproportioniert und nicht zu mager sein.

► Der Bewegungsablauf ist fließend und frei, das Tier darf nicht humpeln, Gliedmaßen nachziehen oder Zehenfehler haben.

► Die Beine sind sauber, ohne Wunden oder Schrunden.

► Das Fell ist sauber, liegt glatt am Körper an, ist glänzend und frei von Parasiten (Vorsicht bei Tieren, die sich dauernd kratzen).

► Beide Augen sind klar, glänzend, ohne Ausfluß, die Ränder sauber und glatt.

► Die Nase ist ohne Verkrustungen und Ausfluß; kein Niesen oder schweres Atmen.

► Ohren ohne Wunden, Borken oder Schorf.

► After und Umgebung müssen stets sauber und trocken sein, ohne Verklebungen.

► Der Rattenschwanz soll unverletzt sein.

► Eine gesunde Ratte ist neugierig, lebhaft und kaum ängstlich. Ist sie so scheu, daß sie sich überhaupt nicht greifen lassen möchte und dabei herzzerreißend quiekt, wird viel Vertrauensarbeit nötig sein.

► Wenn auch nur ein Tier in der Box einen kranken Eindruck macht, sollte man auf einen Kauf verzichten.

DER HEIMWEG

Auch junge Ratten können sich sehr schnell durch die vom Zoofachhandel zum Transport angebotenen Pappkartons mit Luftschlitzen nagen. Kaufen Sie einen Klarsicht-Transporter für den Heimweg, der mit Heu oder Streu ausgepolstert werden sollte. Die Transportbox ist ausbruchsicher, schützt vor Zugluft und kann später z.B. für einen Tierarztbesuch verwendet werden.

Im Winter umwickelt man die Box mit einem wärmenden Handtuch oder einer Decke. Vermeiden Sie Um-

Den Heimweg absolvieren die Ratten in einem Transportbehälter.

wege auf dem Weg nach Hause, die Tiere sind durch die Trennung von ihren Artgenossen und den Verlust ihrer gewohnten Umgebung gestreßt genug. Das Rattenheim sollte nach Möglichkeit fertig eingerichtet für die neuen Bewohner bereitstehen.

DAS HEIM

Ratten verbringen die meiste Zeit des Tages, wenn Sie arbeiten oder in der Schule sind, in ihrem Heim. Deshalb ist es wichtig, daß sich die Tiere dort sinnvoll beschäftigen können. Dies ist nur möglich, wenn ihnen ein geeignetes Rattenheim zur Verfügung gestellt wird. Die Mindestgrundfläche des Rattenheims für zwei Tiere sollte deshalb nicht kleiner als 70 cm lang und 45 cm tief sein. Je höher das Rattenheim, desto besser, damit sich genügend Zwischenetagen einbauen lassen (Mindesthöhe 60 bis 70 cm). Die Grundfläche und Höhe des Heims wächst selbstverständlich mit, wenn Sie mehrere Ratten in einer Gruppe halten möchten. Je größer das Rattenheim ausfällt, um so höher ist die Lebensqualität der

Je größer und vielgestaltiger das Heim, um so interessanter für die Ratten.

Nistkobel, Trinkflasche, Futter, Nagesteine

Tiere. Man sollte also nicht am falschen Fleck sparen! Leider gibt es im Handel noch keine speziellen, den Bedürfnissen der Tiere angepaßten Rattenheime, deshalb ist hier Erfindungsgeist und etwas Nacharbeit in Form von Etageneinbau und Spielmöglichkeiten gefragt. Besonders geeignet sind Streifenhörnchenheime, dort ist der Gitterabstand so gering, daß selbst Jungtiere nicht durch die Gitterstäbe schlüpfen können. Chinchillaheime sind durch den größeren Gitterabstand nur für Ratten ab

TIP: Handwerklich Begabte können riesige Heime und Spiellandschaften bauen. Beschreibungen für solche Anlagen erhalten Sie über die Infoline.

Geräumige Heime gibt es im Zoofachhandel.

Verletzungsgefahr beste-hen, zum Beispiel in Form von scharfen Kanten oder lockeren Etagen, die sich verselbständigen. Stürzt ei-ne Ratte wider Erwarten von einer oberen Etage, soll-

TIP: Empfehlenswert ist es, sich zusätzlich zum großen Rattenheim einen Klarsicht-Transporter und einen kleineren Reise- bzw. Krankenkäfig anzuschaf-fen.

te der Fall durch Hängemat-ten abgebremst werden.

Von Aquarien rate ich ab, da die Luftzirkulation sehr ge-ring ist und durch den Urin Ammoniakgas entsteht, wel-ches sich im Aquarium nicht verflüchtigen und so-mit der Gesundheit der Tie-re schaden kann. Dies wür-de sich durch Lungenpro-bleme und Hautirritationen äußern. Verschiedene Ebe-nen lassen sich in Aquarien durch die glatten Wände sehr schlecht anbringen.

ca. 12 Wochen geeignet.
Allgemein gilt: Bekommen Ratten den Kopf durch die Gitterstäbe, kann auch der Rest des Körpers durchge-quetscht werden.
Zum Etagenbau können z.B. kunststoffbeschichtete Span-platten verwendet werden. Unbeschichtetes Holz saugt sich schnell mit Urin voll und muß oft ausgewechselt werden. Zur Verbindung der Etagen sind Leitern und Röhren ideal. Sie können Ihre ganze Phantasie spie-len lassen.
Achten Sie beim Kauf auch auf Anzahl und Plazierung der Türen. Alle Stellen soll-ten bequem zugänglich sein, um die Innenausstat-tung ohne Akrobatikübun-gen säubern und gegebe-nenfalls auswechseln zu können.
Für die Ratten darf keinerlei

Manche Ratten benutzen Toilettenschalen.

NÄPFE UND TRÄNKEN

Als Grundausstattung werden zwei Näpfe für Körnerfutter und Wasser benötigt. Obst und Gemüse kann den Tieren direkt aus der Hand angeboten werden, sie werden es in der Regel nicht am Napf fressen, sondern an ihre Lieblingsplätze tragen und dort verzehren. Die Näpfe sollten nach Möglichkeit aus schwerem Material wie z.B. Keramik bestehen.

Die meisten Ratten lieben es geradezu, in ihren Wassernäpfen mit den Pfoten herumzuplanschen und besonders im Sommer den Kopf einzutauchen. Da sie sie allerdings ebensogern mit Streu zuschaufeln und somit kein frisches Wasser mehr zur Verfügung steht, darf eine zusätzliche Nippeltränke nicht fehlen.

SCHLAFHÄUSCHEN, HÄNGEMATTEN, NESTMATERIAL

Unsere Ratten möchten sich in ihren Ruhephasen zurückziehen. Um ihnen dies zu ermöglichen, stellt man ein Schlafhäuschen (in der Größe für Meerschweinchen) aus unbehandeltem Holz oder Plastik in eine Ecke des Rattenheimes. Auch Pappkartons, die im Haushalt dann und wann übrig bleiben, oder umgedrehte Blumentöpfe sind als weitere Unterschlüpfe gut geeignet. Das Nestmaterial kann aus Heu und Stroh bestehen. Hängematten, die man ganz einfach aus einem

Solche Spielplätze können auf das Rattenheim aufgesetzt werden.

Ratten turnen und klettern gern.

alten Handtuch bastelt, werden von den Pelznasen gern und oft benutzt. Das Handtuch wird einmal gefaltet, so daß sich eine Höhle bildet. Alle vier Ecken des Handtuches werden mit großen Sicherheitsnadeln am Gitter befestigt. Die Handtücher können wiederverwendet werden, wenn man sie in der Waschmaschine wäscht. Sie werden sehen, daß die Hängematte bald zu einem der Lieblingsplätze Ihrer Ratten wird.

DIE TOILETTE

Wildlebende Wanderratten benutzen in ihrem Bausystem eine separate Kotecke. Durch die Domestikation scheint den meisten Ratten dieser penible Sauberkeitssinn verloren gegangen zu sein. Beobachten Sie die Angewohnheiten Ihrer Tiere. Setzen die Ratten Kot und Urin verstärkt in die Ecken des Rattenheims? Dann kann man versuchen, eine mit Katzenstreu oder mit Vogelsand gefüllte Schale an den bevorzugten Stellen zu plazieren. Seien Sie jedoch nicht enttäuscht, wenn der Versuch fehlschlägt.

Schlafhäuschen und Höhlen werden gern benutzt.

EINSTREU

Bewährt hat sich hier die im Handel erhältliche Kleintierstreu, die man auch mit Strohpellets vermischen kann. Zu beachten ist, daß die Streu nicht zu sehr staubt. Ratten haben empfindliche Atemwege, die man nicht zusätzlich mit Streustaub belasten sollte. Da unsere Pfleglinge dem Buddeln und Graben in der Streu nicht abgeneigt sind, kann die Unterschale ca. 10 cm hoch mit der Einstreu gefüllt werden.

TURN- UND SPIEL-GELEGENHEITEN

Da Ratten so gern aktiv sind wie sie faulenzen, gibt es viele Möglichkeiten, ihnen das Leben interessant zu gestalten. Im Rattenheim werden Papageienleitern, Seile, Wurzeln oder Kunststoffröhren (Durchmesser 8 bis 12 cm), die zu den höher gelegenen Etagen führen, Seile und Wippen sowie Korkröhren zum Nagen ebenso begeistert wie Hängematten und Nistkobel angenommen.

Beim täglichen Auslauf wird nicht nur die Wohnungseinrichtung zum Turnen und Spielen erobert, auch der Mensch wird erklettert und erkundet.

Solche Tontöpfe, aber auch Schlafhäuschen oder Kartons werden gerne erkundet ...

EINGEWÖHNUNG

Zu Hause angekommen, setzt man die neuen Hausgenossen in das eingerichtete Rattenheim. Futter und Wasser stehen ebenso bereit wie eine Versteckmöglichkeit. Sinnvoll ist es, nicht von Anfang an alle Spiel- und Turngeräte im Käfig aufzustellen. Gönnen Sie den Ratten eine mehrstündige Ruhepause, damit sich

TIP: Am besten sucht man sich zur Kontaktaufnahme einen Raum aus, in dem keine Versteckmöglichkeiten vorhanden sind. Schon oft ist es passiert, daß sich Rattenhalter stundenlang vor einen schwer zugänglichen Schrank gesetzt haben, um die Ratten wieder hervorzulocken.

die möglicherweise verängstigten Tiere an ihre neue Situation gewöhnen können. Haben die Ratten Futter aufgenommen und ihr neues Heim erkundet, kann mit der Kontaktaufnahme begonnen werden.

FREUNDSCHAFT SCHLIESSEN

Körperkontakt ist die beste Methode, Ratten mit dem Menschen vertraut zu machen. Man redet mit ihnen in ruhigem, freundlichem Ton und streckt die Hand in das Heim. Die neugierigen Nager werden bald schnuppernd die Hand erkunden. Falls die Ratten nicht von alleine den Arm erklettern und somit aus dem Rattenheim kommen, ist es sehr wichtig, sie aus der Reserve zu locken.

Man nimmt die Ratten sanft und ohne Gewalt aus ihrem Heim und setzt sich die Tiere auf die Schulter. Die Tiere müssen mit der Hand vertraut gemacht werden, indem man sie öfter im Tragegriff hochnimmt und kurz darauf wieder absetzt. So zeigt man den Nagern, daß ihnen beim Greifen nichts Schlimmes passiert. Erste Freilaufversuche in einem rattensicheren Zimmer können dann gestartet werden, wenn die Tiere sich zum Einfangen ohne Scheu greifen lassen.

TIP: Da die neuen Pfleglinge anfangs wahrscheinlich etwas unkontrolliert Urin und Kot absetzen werden, ist es empfehlenswert, unempfindliche Kleidung zu tragen.

... und als Spielplatz, Klettermöglichkeit und Aussichtsturm benutzt.

Die ersten Wochen der Ratten in ihrem neuen Zuhause sind prägend für das weitere Zusammenleben. Wichtig ist es, sich täglich mit seinen Tieren zu beschäftigen. Vernachlässigte Ratten entfremden sich schnell dem Menschen, werden scheu und mitunter sogar bissig. In jedem Rattenrudel gibt es ein Leittier. Der Mensch sollte als ranghöher akzeptiert werden; dazu dreht er die Ratten im Spiel hin und wieder auf den Rücken.

HOCHHEBEN UND TRAGEN

Bietet man den pfiffigen Nagern den ausgestreckten Arm an, während man sie bei ihrem Namen ruft und mit einem Leckerbissen lockt, erklettern sie meist freiwillig ihren Menschen.

Frisches Gemüse ist immer verlockend.

GIFTIGE PFLANZEN
in Haus und Wintergarten, auch in Gestecken und Sträußen

Agaven	Feigenbaum	Mittagsblume
Aloen	Fingerhut	Myrte
Alpenveilchen	Flamingoblume	Narzissen
Amaryllis	Geranien	Oleander
Aronstab	Hakenlilien	Osterglocken
Azaleen	Hortensien	Passionsblume
Bogenhanf	Hyazinthen	Porzellanblume
Christrose	Ilex	Primeln
Christusdorn	Immergrün	Rizinus
Chrysanthemen	Kalla	Stechapfel
Clivie	Krokus	Virginische Zeder
Dieffenbachie	Kroton	Wandelröschen
Efeu	Lebensbaum	Weihnachtsstern
Efeutute	Liguster	Wolfsmilch-
Eibe	Mahonie	gewächse
Engelstrompete	Maiglöckchen	Zimmerkalla
Farne	Mistel	Zwergmispel

So werden Ratten richtig hochgehoben.

Ansonsten hebt man die Tiere hoch, indem man sie mit einer Hand sanft unter den Brustkorb greift und mit der anderen Hand das Hinterteil abstützt. Von der Hand aus werden die Ratten ihren Pfleger weiter erklettern, auf der Schulter sitzen oder in den Ärmel des Pullis schlüpfen. Dort fühlen sich die Tiere geborgen und sicher und können auch für längere Zeit getragen werden.
Ist es notwendig, die Ratten schnell einzufangen, kann man sich ihre Neugierde zunutze machen. Röhren oder raschelnde Papiertüten laden zum Erkunden ein. Diese „Fallenmethode" ist allerdings nur bei Tieren notwendig, die ihren Pfleger noch nicht kennen, da sich zahme Ratten ansonsten ohne Probleme greifen lassen.

VORSICHT: Ratten darf man auf keinen Fall am empfindlichen Schwanz hochnehmen. Dies kann das aufgebaute Vertrauensverhältnis mit einem Schlag zunichte machen, außerdem kann der Schwanz leicht brechen oder abreißen.

Die meisten Ratten sind neugierig und aufmerksam.

GEFAHREN BEIM FREILAUF

Da man sich mit Ratten äußerst intelligente und bewegungsfreudige Tiere als Mitbewohner ausgesucht hat, sollte man sich beim Freilauf darüber im Klaren sein, daß die Pelznasen alles erkunden und erobern möchten. Ratten sollten nur unter Aufsicht ihren Freilauf genießen dürfen. So weiß man immer, wo sie sich aufhalten und was sie gerade anstellen.

▶ Jedes Zimmer birgt Gefahrenquellen wie freiliegende Stromkabel, gekippte Fenster, gefüllte Aschenbecher, brennende Kerzen, herumliegende Süßigkeiten oder Gläser mit Alkohol.

▶ Ratten sind flink und manchmal unvorsichtig,

Beseitigen Sie vor dem Freigang im Zimmer mögliche Gefahrenquellen.

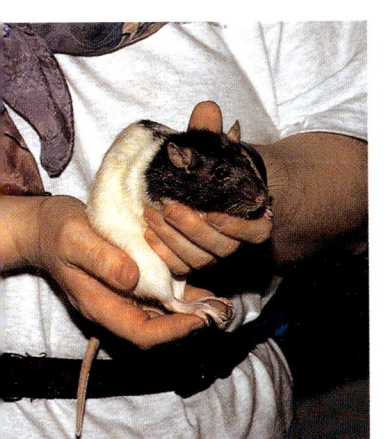

In der Hand fühlen sich die meisten Ratten wohl.

schnell ist man ihnen auf den Schwanz getreten. Deshalb muß auch Besuch darauf achten, sich vorsichtig im Zimmer zu bewegen, wenn die Ratten Freilauf haben.

▶ Bevor man Türen zumacht, darauf achten, daß die Tiere nicht eingeklemmt werden.

▶ Schränke verlocken zum Dahinterschlüpfen. Entweder stellt man sie direkt an die Wand oder läßt so viel Abstand, daß man problemlos nach den Tieren greifen kann.

▶ Teure Antiquitäten werden ebenso wie Bücher und Pflanzen angenagt.

TIP: Am besten räumt man alle offensichtlichen Gefahrenquellen schon vor dem ersten Freilauf aus dem Weg.

Ratten richtig füttern

Liebe geht durch den Magen

Unsere domestizierten Ratten ernähren sich, wie ihre wildlebenden Verwandten, vorwiegend von pflanzlicher, aber auch tierischer Nahrung.

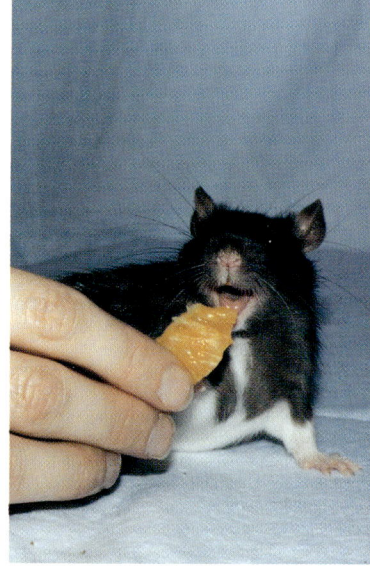

Leckerbissen machen sie schnell zutraulich.

In Gesellschaft schmeckt es am besten.

NAHRUNGSBEDARF

Um überleben zu können, ernähren sich wildlebende Wanderratten in der Natur teilweise von den unmöglichsten Dingen. Ist das Nahrungsangebot gut, bevorzugen sie jedoch frisches und unverdorbenes Futter.

Es ist aber selbstverständlich, daß die Farbratten bei uns zu Hause nur qualitativ hochwertiges Futter angeboten bekommen.
Ratten sind regelrechte Feinschmecker. Was die eine mit Vorliebe genießt, muß die andere noch längst nicht anrühren. Ein vielseiti-

Körnermischungen, Obst und Gemüse sorgen für eine abwechslungsreiche Ernährung.

ges Futterangebot, in dem Kohlenhydrate, Fett, Vitamine, Mineralien, Spurenelemente, Ballaststoffe und geringfügig Eiweiß enthalten sind, fördert und erhält die Gesundheit der kleinen Nager.

Bedingt durch den schnellen Stoffwechsel der Ratten, wird das Futter nicht auf einmal, sondern in mehreren über die Wachphasen verteilten Portionen aufgenommen.

Körnerfutter muß unseren Pfleglingen ständig zur Verfügung stehen; Obst und Gemüse wird ebenso täglich frisch angeboten.

TIP: Die richtige Futtermenge läßt sich schwer in Grammzahlen ausdrücken. Ist der Napf bei der nächsten Fütterung noch halbvoll, reduziert man etwas. Stürzen sich die Tiere hungrig auf das Futter, erhöht man die Menge.

Getrocknete Maiskolben werden gern geknabbert.

FERTIGFUTTER

Das im Zoofachhandel erhältliche Fertigfutter für Kleinnager ist bedingt für eine optimale Rattenernährung geeignet. Die im Fertigfutter enthaltenen gepreßten Pellets werden meist nicht gefressen. Leider entsteht somit viel Futterausschuß. 1:1 vermischt mit ungeschwefeltem und ungezuckertem Früchtemüsli ergibt auch Fertigfutter eine gesunde Grundmischung. Zusätzlich können Gemüsehundeflocken, harte Nudeln, Sonnenblumen-

WERTVOLLE FUTTERPFLANZEN

Beifuß	Huflattich	Salbei
Blaue Luzerne	Kamille	Sauerampfer
Brennessel	Löwenzahn	Vogelmiere
Gänseblümchen	Melde	Wegerich
Hasenscharte	Pfefferminze	Weißklee
Hirtentäschelkraut	Rotklee	Wiesenschafgarbe

TIP: Hat man sich neue Pfleglinge ins Haus geholt, nimmt man etwas vom gewohnten Futter mit und stellt langsam auf die eigene Futtermischung um.

GIFTIGE WILDPFLANZEN

Bärlauch	Buschwind-	Narzissen
Bilsenkraut	röschen	Rebendolde
Bingelkraut	Eisenhut	Sauerklee
Bittersüßer	Fingerhut	Schneeglöckchen
Nachtschatten	Gundermann	Schwedenklee
Bleicher Schöterich	Hundspetersilie	Wolfsmilch-
Bunte Kornwicke	Maiglöckchen	gewächse

zichten. Ersatzweise und ebenso gern werden selbstgekeimte Sämereien oder Getreide angenommen. Auch Katzengras wird mit Wonne zerpflückt und verspeist.

Wer selbst sammelt, sollte die geeigneten Pflanzen sicher erkennen, um sie nicht mit giftigen zu verwechseln.

kerne (falls im Fertigfutter nicht vorhanden), etwas Bierhefepulver und Kieselerde (gut für Fell und Krallen, Zähne und Knochen) zugemischt werden.

FRISCHES GRÜN

Frisches Grün ist lecker und gesund. Auf Wiesen neben vielbefahrenen Straßen sollte man es allerdings nicht sammeln. Hat man keine Möglichkeit, frisches Grün von abgelegenen Wiesenstücken zu sammeln, müssen unsere Pfleglinge dennoch nicht darauf ver-

Gekeimtes Getreide oder Katzengras liefert frisches Grün.

TIP: Bieten Sie Ihren Ratten zur Abwechslung ab und zu auch frische Kräuter an.

OBST UND GEMÜSE

Hier sind die Möglichkeiten nahezu unbegrenzt. Je nach Geschmack der Ratten können Äpfel, Birnen, Bananen, Trauben, Erdbeeren, Man-gos, Avocados, Melonen mit den Kernen usw. gefüttert werden. Abwechslung ist auch beim Gemüse alles: die meisten Tiere werden Gurken, Karotten, Tomaten, getrocknete oder frische Maiskolben dem meist ohnehin stark gespritzten Blattsalat vorziehen.

Obst und Gemüse sollte, bevor es im Rattenmagen landet, gewaschen und ge-schält werden.

Um Futterneid zu vermei-den, ist es sinnvoll, immer ein Stückchen Obst oder Gemüse mehr zu geben, als Ratten vorhanden sind.

TIP: Auf Zitrusfrüchte sollte zum Wohl der Tiere verzichtet werden. Kohl darf nur ganz frisch und in kleinsten Mengen gegeben werden.

Das Rattenheim sollte täg-lich auf altes, leicht verderb-liches Frischfutter kontrol-liert werden. Solche Reste werden sofort entfernt.

Viele Obst- und Gemüsesor-ten sind bei Ratten beliebt.

TIERISCHES EIWEISS

Hier gilt das Motto: Weniger ist mehr. Damit zuviel tierisches Eiweiß unseren Ratten nicht schadet, sollte es eher als Leckerbissen gegeben werden. Ab und an ein kleines Stückchen Käse, hartgekochtes Ei oder etwas Katzentrockenfutter decken den Bedarf an tierischem Eiweiß völlig ab.

Ein Zuviel an tierischem Eiweiß kann Schaden anrichten, wie das folgende Beispiel zeigt: Eine Ratte wurde aus Unwissenheit über Monate hinweg zum größten Teil mit Katzendosenfutter ernährt. Das Ergebnis waren entzündete, offene Stellen, die über den ganzen Körper verteilt waren. Nach

Futterneid gibt es selten.

einer Nahrungsumstellung auf die empfohlene Grundfuttermischung, Obst und Gemüse verschwanden die schmerzhaften Wunden nach sechs Wochen wie von Zauberhand von selbst.

TIP: Viele Ratten mögen gerne ungezuckertes Joghurt. Vitaminpräparate oder Medikamente lassen sich sehr gut untermischen und so nötigenfalls in den Rattenmagen schmuggeln.

DER FUTTERSPASS

Regelmäßig wird der Futternapf von Menschenhand reichlich gefüllt. In der Natur dagegen müssen sich die Ratten ihr Futter für das tägliche Überleben erarbeiten. Dies heißt nun aber

Täglich wird der Napf aufgefüllt.

nicht, daß man jedes Korn einzeln verstecken soll, damit unsere Pfleglinge so naturnah wie möglich leben. Ab und zu kann man eine Knabberstange an einem für die Ratten schwer erreichbaren Platz befestigen oder besondere Leckerbissen in einer Schachtel verstecken. Das fordert die Nager und läßt keine Langeweile aufkommen.

TIP: Haselnüsse und Walnüsse sind sehr beliebt. Läßt man die Nüsse in der Schale, ist die Ratte einige Zeit mit dem Öffnen beschäftigt und nutzt gleichzeitig die Nagezähne ab. Wegen des hohen Fettgehaltes aber bitte nicht täglich füttern.

WAS MAN NICHT FÜTTERN DARF

Schokolade

Kekse

Kuchen

Chips

Alkohol

Süßigkeiten

Essensreste

stark gewürzte Speisen

salzige Speisen

Wurst- und Fleischwaren

Milch (Durchfall aufgrund von Milchzucker und zuviel Eiweiß!)

zuviel eiweißhaltige Nahrung

altes, verschimmeltes Obst und Gemüse

Blattsalat aus dem Treibhaus

Zweige von gespritzten Bäumen und Sträuchern

Das Futter wird mit den Vorderpfoten gehalten und dann geknabbert.

ZWEIGE UND NAGERHOLZ

Frische Zweige von ungiftigen und ungespritzten Sträuchern oder Bäumen (z.B. Obstbaum oder Weide) eignen sich hervorragend zum Befriedigen des Nagebedürfnisses und zur Beschäftigung. Im Winter kann ersatzweise auf die im Zoofachgeschäft erhältlichen Nagerhölzer übergegangen werden.

WASSER MUSS SEIN

Ratten decken ihren Wasserbedarf nicht gänzlich über Saftfutter. Sie brauchen zusätzlich frisches Wasser. Der Wassernapf und die Nippeltränke werden daher täglich gereinigt und frisch gefüllt.
Im Sommer sollte das Wasser zweimal am Tag gewechselt werden. Der Wassernapf bietet auf diese Weise bei höheren Temperaturen eine erfrischende Abkühlung für die Ratten.

TIP: Ein mit trockenem Laub gefüllter Karton oder Eimer kann so manche Ratte in regelrechte Begeisterung versetzen. Nur zu gerne tauchen sie in dem „Stück Natur" unter.

Frisches Wasser brauchen Ratten täglich.

LECKEREIEN UND FUTTERZUSÄTZE

Süße, scharfe und gewürzte Speisen haben auf dem Futterplan der Ratten nichts zu suchen. Besonders beim Freilauf ergattern sie sich aber oft unbemerkt ein Stück Schokolade vom Tisch oder nippen aus dem Bier- oder Weinglas. Nicht alles, was Ratten gerne fressen, muß auch gesund für sie sein. Süßes macht dick und verursacht Karies. Besonders die zwölf Backenzähne, die nicht wie die vier Schneidezähne nachwachsen, sind anfällig für Karies. Scharfes ist für den Rattenmagen ungesund und zieht meistens Durchfall nach sich.

Als Leckereien eignen sich sehr gut gekochte Nudeln, Reis, Kartoffeln und ab und zu Erbsen oder Mais aus der Dose. Leckereien, die im Zoofachhandel erhältlich sind, sollten, wenn sie Zucker und Fett enthalten, nicht zu oft gegeben werden. Unbedenklich sind Knabbereien ohne Zucker! Bei Mangelerscheinungen oder zum Aufpäppeln von kranken oder säugenden Ratten haben sich Vitaminpaste für Katzen und Hunde bzw. flüssige Vitaminpräparate bewährt, die beim Tierarzt und im Zoofachhandel erhältlich sind.

ESSMANIEREN

Ratten halten ihr Futter sehr geschickt zwischen den Vorderpfoten, um es zu verzehren. Z.B. Sonnenblumenkerne werden mit System geöffnet und sind nach wenigen Handgriffen verspeist. Bemerkenswert ist, daß selbst Jungtiere den Dreh nach kurzem Üben perfekt beherrschen. Futter wird mit den Backenzähnen gekaut, zum Nagen werden die Schneidezähne benutzt. Häufig ist zu beobachten, daß sich unsere Pfleglinge seltene Leckerbissen gegenseitig abzunehmen versuchen. Besonders schlaue Ratten bunkern ihr Futter an einem sicheren Ort und stibitzen zusätzlich den Artgenossen ihren Anteil.

KNABBERKUCHEN AUS KÖRNERN

250 g Körnerfutter
einige Rosinen und Haselnüsse
1 Ei
1 EL Mehl
einige Backoblaten

Zutaten bis auf die Backoblaten gut vermengen, falls zu trocken, etwas Wasser zugeben. Die zähe Masse fingerdick zwischen jeweils zwei Oblaten geben und gut andrücken. Bei 150 °C im Backofen 40 bis 50 Minuten backen.

Pflege und Krankheitsvorsorge

Ratten artgerecht pflegen

Ratten sind sehr reinliche Tiere. Sie betreiben die Fellpflege regelmäßig und ausgiebig, ebenso intensiv wie Katzen und putzen sich auch gegenseitig. Ein nicht geringer Teil ihres Tagesablaufes wird für die Körperpflege aufgewendet.

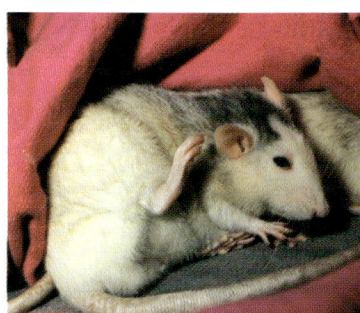

Sorgfältig wird jede Körperregion mit den beleckten Pfötchen geputzt.

Meist nach dem Aufwachen dehnt und streckt sich die Ratte, gähnt herzhaft und beginnt, auf den Hinterpfoten sitzend, sich das Fell und den Schwanz mit der Zunge zu säubern. Häufig werden nach dem Fressen die Vorderpfoten beleckt, um damit energisch den Kopf samt Tasthaaren zu säubern. Die Ohren werden mit den befeuchteten Zehen der Hinterpfote sorgfältig gereinigt. Ebenso werden die Hinterpfoten benutzt, um sich am Körper oder am Kopf zu kratzen.

Gesunde Ratten haben ein glänzendes Fell, das sie selbst in Ordnung halten.

FELLPFLEGE

Gesunde Ratten haben in der Regel glänzendes Fell. Man braucht es nicht zu bürsten. Sollte sich eine Ratte auffällig oft kratzen, streicht man mit den Fingern gegen die Fellrichtung, um nach Parasiten wie Haarlingen oder Flöhen Ausschau zu halten. Dann ist eine Behandlung durch den Tierarzt notwendig. Wird man nicht fündig, hat die Ratte eventuell eine Allergie gegen Heu, Streu oder bestimmtes Futter.

BADEN

Nur manche Ratten planschen gerne in lauwarmem Wasser. Baden sollte man seine Tiere allerdings nicht. Es ist weder sinnvoll noch notwendig, sie mit Shampoo oder Seife zu reinigen. Der natürliche Schutzfilm auf der Haut wird dadurch angegriffen.
Sollte es dennoch aus medizinischen Gründen nötig sein, eine Ratte zu baden, darf sie nicht mit nassem Fell in ihr Heim zurückgesetzt werden. Erst wenn sie gänzlich trocken ist, ist die Gefahr einer Erkältung oder Lungenentzündung gebannt. Man trocknet sie am besten mit einem vorgewärmten Handtuch ab. Zugluft ist strikt zu meiden.

ZÄHNE UND KRALLEN

Es kann vorkommen, daß die stetig wachsenden Zähne durch mangelnde Abnutzung, eine Kieferfehlstellung oder einen fehlenden Zahn zu lang werden. Die Ratte wird Schmerzen beim Fressen bekommen. Dann muß der Tierarzt eine Korrektur vornehmen.
Wenn die Krallen unnatürlich lang sind, sollte man für Abnutzungsmöglichkeiten in Form von rauhen Laufunterlagen wie z.B. umgedrehten Kacheln sorgen.

TIP: Sitzt eine sonst lebenslustige, zahme Ratte apathisch in der Ecke, frißt nicht wie sonst, zwickt oder quietscht, wenn man sie anfassen möchte, können das Anzeichen für eine Erkrankung und Schmerzen sein.

WENN DIE RATTE KRANK IST

Unsere Farbratten sind meist Nachzuchten von Labortieren, die u.U. auf bestimmte Krankheiten, z.B. erhöhte Krebsanfälligkeit, hin gezüchtet wurden, was sich auch noch bei unseren Heimtieren auswirkt.
Da Ratten sich nicht mitteilen können, wenn es ihnen

Ratten schlafen häufig im Laufe des Tages.

nicht gutgeht, liegt es an uns, auf die Anzeichen einer Erkrankung zu achten, die auf S. 64 aufgeführt sind. Ist die Ratte krank, muß so schnell wie möglich ein kompetenter Tierarzt aufgesucht werden.
Wenn die Ratte zu viel Saftfutter gefressen hat, kann es unter Umständen zu Durchfall kommen. Zeigt sie ansonsten kein beunruhigendes Verhalten, reduziert man das Obst und Gemüse. Der Kot festigt sich in der Regel spätestens am nächsten Tag.
Was für Nasen- oder Augenbluten gehalten wird, kann auch rötlich gefärbtes Sekret sein. Über eine im Nasenraum vorhandene Drüse wird Nasensekret oder auch Tränenflüssigkeit rötlich-

braun gefärbt. Bei Schnupfen oder einer Erkrankung wird dieses rötliche Sekret vermehrt abgesondert. Obwohl Ratten im Sommer gerne sonnenbaden, muß man darauf achten, daß sie immer ein schattiges Plätzchen und genügend Wasser zur Verfügung haben und nicht zu lange in der Sonne sitzen. Auch bei Autofahrten mit Ratte kann es schnell zum Hitzschlag kommen. Ist es schon dazu gekommen, bringt man das Tier sofort an einen kühlen Platz und sorgt für Frischluft. Erfahrungsgemäß bekommen viele Ratten mit 1,5 bis 2 Jahren „Rattenschnupfen". Die Tiere niesen häufig, der Atem rasselt oder knackt und ist deutlich zu hören. Eine Behandlung durch den Tierarzt mit Antibiotika ist dann unumgänglich.

TUMORE

Selten bei relativ jungen Ratten, aber recht häufig bei älteren Tieren sind Abszesse und gut- oder bösartige Tumore. Sie entstehen bevorzugt unter den Achseln und bei weiblichen Tieren am Gesäuge, können aber auch an inneren Organen wie der Gebärmutter oder der Lunge auftreten. Tumore, die nach außen wachsen, lassen sich von einem kompetenten Tierarzt sehr gut und bei richtiger Narkosedosierung (am besten Gasnarkose) mit geringem Risiko operativ entfernen. Entdeckt man einen Knubbel unter der Haut, empfiehlt es sich, nicht lange mit einer Operation zu warten, da die Tumore sehr schnell größer werden. Es liegt im Ermessen des Tierarztes und des Rattenbesit-

zers, bei alten Tieren auf eine Operation zu verzichten. Ratten müssen wegen ihres schnellen Stoffwechsels unbedingt vor und direkt nach einer Operation die Möglichkeit zur Nahrungsaufnahme haben. Zur Stärkung kann zusätzlich auch Traubenzucker gegeben werden. Um zu verhindern, daß sich die kleinen Nager die Wundnähte nach der Operation aufbeißen, kann der Tierarzt noch während der Narkose die schnell nachwachsenden Zähne etwas kürzen.

VORSICHT: Nach einer Kastration können bei Rattenböcken eitrige Abszesse entstehen, die behandelt werden müssen.

Sie ist rundum gesund und munter.

BEIM TIERARZT

Leider gibt es immer noch Tierärzte, die Ratten nicht in ihrer Praxis haben möchten oder nur unzureichend behandeln können. Sinnvoll ist es, den Tierarzt vor der Behandlung zu fragen, ob Erfahrungen mit rattenspezifischen Erkrankungen vorliegen. Z.B. bei der Narkosedosierung kann das Leben des Tieres davon abhängen. Am besten ist es, sich schon vor einer akuten Erkrankung nach einem geeigneten Tierarzt zu erkundigen.

Um dem Tierarzt die Diagnose leichter zu machen, sollten ihm folgende Punkte mitgeteilt werden.

▶ Wie alt ist die Ratte?
▶ Wann haben Sie die ersten Krankheitsanzeichen bemerkt?

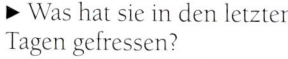

▶ Was hat sie in den letzten Tagen gefressen?
▶ Trinkt sie normal?
▶ Hat sie zu weichen oder zu harten Kot?

TIP: Im Winter muß beim Transport zum Tierarzt darauf geachtet werden, daß das Tier keiner Zugluft und Kälte ausgesetzt ist. Ein Handtuch um die Transportbox und eine gut temperierte Wärmflasche sorgen vor.

Meist ist es nicht notwendig, eine Kotprobe in die Tierarztpraxis mitzubringen, da Ratten dort natur- und streßbedingt Kot absetzen werden.

KRANKENPFLEGE

Eine kranke Ratte, die ihre Artgenossen anstecken könnte, muß in einen Krankenkäfig ausquartiert werden. Für frisch operierte Ratten gilt dasselbe. Die Streu wird bis zum Fädenziehen gegen Zellstofftücher ausgetauscht, die täglich erneuert werden, weil sich sonst durch die Exkremente die Wunde entzünden kann. Besonders bei einer frisch operierten Ratte sind einige Dinge zu beachten,

Ältere Ratten werden ruhiger und schauen auch einmal zu.

die auf S. 63 aufgeführt sind.

VORSICHT: Ein kastrierter Rattenbock, der mit Rattenweibchen zusammen gehalten werden soll, kann bis ungefähr 4 Wochen nach der Kastration noch zeugungsfähig sein.

WOCHENEND-VERSORGUNG

Man sollte seine Ratten nicht länger als zwei Tage allein lassen. Die Versorgung mit genügend Grundfutter und Wasser ist unerläßlich. Ein größeres Stück gewaschene, ausnahmsweise nicht geschälte Gurke deckt den Saftfutterbedarf ab.

URLAUB

Um die optimale Versorgung während einer längeren Abwesenheit sollte man sich möglichst schon lange vorher Gedanken machen. Viele Mitglieder im Verein der Rattenliebhaber und -züchter nehmen Ratten in Pflege. Rattenhalter wissen ohne große Anleitung, wie man mit den Tieren umzugehen hat, was beim Freilauf zu beachten ist und erkennen mögliche Erkrankungen frühzeitig.

Sollte nicht die Möglichkeit bestehen, seine Tiere bei

Junge Ratten turnen und klettern viel.

„Spezialisten" unterzubringen, sollte sich der Pfleger an die Checkliste auf Seite 64 halten und die Tiere vor der Abreise des Besitzers kennenlernen.
Bei Urlaubsfahrten mit der Ratte unbedingt auf Überhitzung, Unterkühlung und Zugluft achten!

UNSER LIEBLING WIRD ALT

Die Lebenserwartung der Ratte beträgt zwischen 1,5 und 3 Jahren, wobei der Durchschnitt bei ca. 2 Jahren liegt. Ich kann die These, daß Farbratten bis zu 7 Jahre alt werden können, nicht bestätigen – auch nicht für die wildlebende Wanderratte.
Der merkliche Alterungsprozeß beginnt mit ca. 1,5 Jahren: die Ratten klettern nicht mehr so viel und gewagt wie früher, werden ruhiger und dem Menschen gegenüber meist noch zutraulicher.

Ratten mit dunkler Fellfärbung bekommen eine graue Schnauze, die Sehfähigkeit nimmt ab. Viele Ratten haben Altersblindheit, man sollte dann auf keinen Fall die Einrichtung des Rattenheimes verändern und auch

beim Freilauf alles wie gewohnt ablaufen lassen. Mit Hilfe der Tasthaare und etwas mehr Vorsicht gelingt es der Ratte trotz der Blindheit, sich zurechtzufinden. Leider ist der letzte Gang zum Tierarzt, um seine Ratte nach vorheriger Betäubung einschläfern zu lassen, nicht selten.
Es wirkt auf die Ratte beruhigend, wenn ihr vertrauter Pfleger sie bis zum Ende am Körper trägt, auch wenn das verständlicherweise schwerfallen mag.

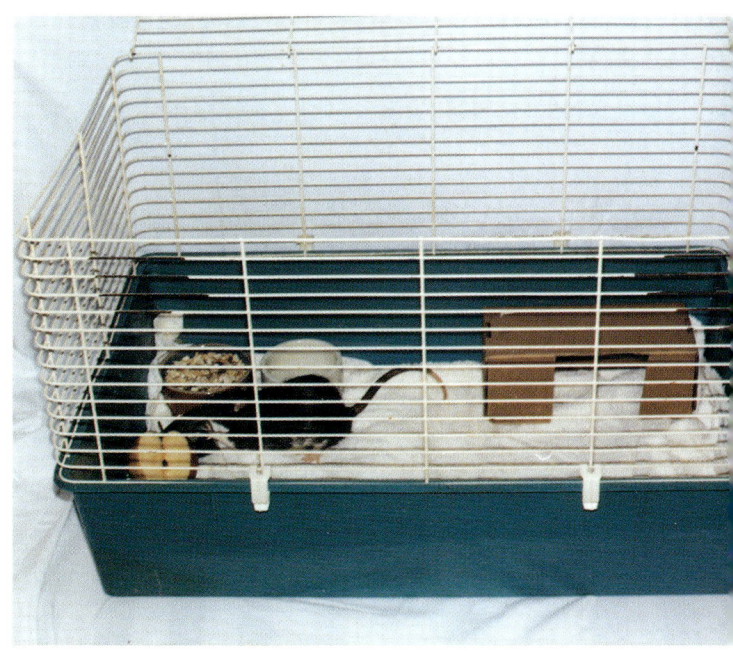

Kranke Tiere werden in separaten Heimen untergebracht.

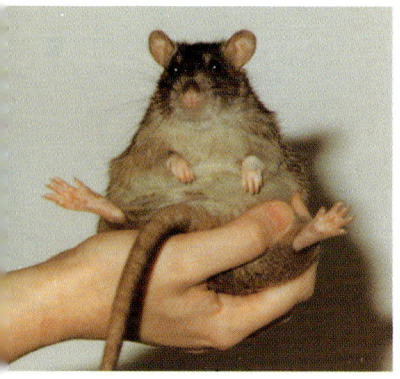

Manche Ratten lassen alles mit sich anstellen.

Verhalten und Bedürfnisse

So sind Ratten

Besonders in Gruppen gehaltene Farb-ratten zeigen vielfältige Verhaltenswei-sen, die zum Beobachten einladen.

DIE AUGEN

Rotäugige Ratten sind emp-findlicher als Tiere mit dun-klen Augen. Sie vertragen weniger Sonnenlicht. Um ihre Sehschwäche etwas auszugleichen, pendeln helläugige Ratten langsam mit dem Kopf hin und her, wenn sie etwas anvisieren. Da die Augen seitlich liegen, haben Ratten ein weites Sichtfeld. Sie sehen aber an-scheinend nur in unmittel-barer Nähe scharf. Schwie-rigkeiten gibt es mit der Ab-schätzung von Entfernun-gen und Höhen. Kurze Sprünge werden problemlos bewältigt, bei weiten Entfer-nungen kann es jedoch sein, daß die Ratte sich ver-schätzt und ihr Ziel verfehlt. Schnelle, ungewohnte Bewe-gungen in der Umgebung reichen aus, um in der Ratte den angeborenen Fluchtin-stinkt zu wecken.

DIE NASE

Der eher schwach ausge-prägte Sehsinn wird ausge-glichen durch den hervorra-genden Geruchssinn. Tiere aus einer Gruppe erkennen sich am rudeleigenen Ge-ruch. Ratten entscheiden oft über den Geruch, ob sie be-stimmte Nahrungsmittel aufnehmen. Des weiteren können sie vertraute Men-schen von fremden unter-scheiden. Selbst scheue Tie-re werden sich in Streßsitua-

Gerne turnen die Ratten auf
ihrem Menschen herum.

Ratten können sich
behende aufrich-
ten, um die Umge-
bung zu erkunden.

Ein ungewöhnlicher Lieblingsplatz

DIE LAUT-ÄUSSERUNGEN

Jungtiere fiepen hörbar, wenn sie z. B. Hunger haben und nach der Mutter rufen. Sind die Ratten älter, kommunizieren sie verstärkt im Ultraschallbereich. Für uns hörbare Lautäußerungen entstehen u.a. bei gegenseitigem Putzen oder Rangordnungskämpfen. Der Demutsschrei ist nicht angeboren, er wird erlernt.

TEMPERATUR-EMPFINDEN

Die Körpertemperatur beträgt 35,9–37,5 °C. Bei Zimmertemperatur zwischen 18 und 22 °C fühlen sich unsere Farbratten wohl. Ab ca. 30 °C, starker Sonneneinstrahlung ohne verfügbares Trinkwasser ist die Gefahr eines Hitzschlages und Kreislauf-

tionen, immer für die Schulter des gewohnten Pflegers entscheiden, bevor sie sich zu einem unbekannten Menschen „retten".

Ratten sind sehr soziale Tiere: Kuscheln, Duftkontrolle zur Begrüßung und gegenseitiges Putzen.

DAS GEHÖR

Bis in den Ultraschallbereich hinein reicht das Gehör. Wie feine Antennen können sich die Ohrmuscheln nach den Geräuschquellen drehen.

kollapses groß. Auch gegen Unterkühlung ab Temperaturen unter 15 °C sind die Tiere nicht gefeit. Bei einem Transport im Winter daran denken, den Tieren wärmende Rückzugsmöglichkeiten wie Handtücher mit einer Wärmflasche zur Verfügung zu stellen. Während einer Narkose und in der Aufwachphase sinkt die Körpertemperatur, deshalb ist es dann besonders wichtig, die Ratte warm zu halten.

MARKIEREN DES REVIERS

Nicht nur das Rattenheim wird mit Duftstoffen markiert. Auch die Umgebung und der Mensch werden als Eigentum gekennzeichnet. Hat zuvor eine fremde Ratte markiert, ist besonders bei Rattenböcken zu beobachten, daß sie mit gesträubtem Fell ihr Revier neu und intensiv kennzeichnen.

Alle Sinne sind voll in Aktion.

RITUALE DER BEGEGNUNG

Als ausgeprägte Nasentiere beginnen Ratten jede Begegnung mit einer Geruchskontrolle. Die Afterregion und das Fell werden ausgiebig und intensiv berochen. Ratten, die zusammen in einem Heim leben, haben einen rudeleigenen Geruch. Des-

wegen ist es nur natürlich, daß Ratten mit einem anderen Geruch erst einmal als Eindringlinge eingestuft werden. Möchte man sich fremde Ratten vergesellschaften, sollte man deshalb erst einmal die Heime nebeneinander aufstellen, damit sich die Tiere sehen und riechen können. Nach ein paar Tagen setzt man die Ratten jeweils in das fremde Heim, ohne die Einstreu vorher auszutauschen. Die erste Begegnung findet am besten auf neutralem Boden statt, keine der Ratten sollte ihr Revier dort markiert haben, da es sonst erfahrungsgemäß vehement verteidigt wird. Anfängliche unblutige Rangeleien sind normal: Die Ratten ringen, auf den Hinterfüßen aufgerichtet, mit den Armen, meist mit geöffnetem Mäulchen. Sträubt eine Ratte sehr stark das Fell, wird aggressiv und beißt die andere, trennt man die Tiere. Bitte nicht sofort mit der Hand, son-

TIP: Bevor Sie einen Versuch in Angriff nehmen, können Sie ausführlichere Informationen zum Thema „Integration" über die Info-line anfordern.

Nicht alle Ratten sind geschickte Springer.

dern erst mit einem Gegenstand dazwischengehen! Wenn sich eine Ratte auf den Rücken drehen läßt und dabei fiept, unterwirft sie sich und gibt zu verstehen, daß sie schwächer ist. Im Normalfall ist die Auseinandersetzung dann beendet. Das Zusammensetzen in ein gemeinsames Heim ist solange tabu, bis sich die Ratten über mehrere Stunden

ohne Streit beim Freilauf vertragen. Auch dann sollte man anfangs immer noch ein wachsames Auge auf das Rattenheim haben. Die Integration kann sich über Tage, Wochen oder sogar Monate hinziehen. Nicht nur fremde Ratten,

Freilauf draußen unter Aufsicht ist nur mit äußerst zahmen Ratten möglich.

ABWEHRVERHALTEN

Im täglichen Zusammenleben entstehen Situationen, die Mensch und Tier unterschiedlich deuten. Zahme Farbratten sind gegenüber dem Menschen im Wesen sehr aufgeschlossen und freundlich, wenn sie richtig gehalten, behandelt und erzogen werden.

auch Tiere aus einem Rudel buhlen um die Alphastellung. Die Rangordnung wird immer wieder neu ausgemacht.

Leckerbissen im Wasser können eine wasserscheue Ratte zum Baden verlocken.

Sanftes Knabbern am Finger ist gleichzusetzen mit der gegenseitigen Fellpflege unter Ratten. Freuen Sie sich über diesen Vertrauensbeweis!
Ratten, denen man durch die Gitterstäbe Leckerbissen zusteckt, werden in Erwartung von etwas Eßbarem in den Finger zwicken. Dies kann man vermeiden, indem man Leckerbissen durch eine geöffnete Käfigtür anbietet.
Hat eine Ratte richtig zugebissen, liegt fast immer Fehlverhalten des Pflegers vor. Beachtet man das Verhalten und geht auf seine

Tiere ein, entstehen unerfreuliche Situationen erst gar nicht. Eine Ratte mit gesträubtem Fell und weit geöffnetem Mäulchen signalisiert deutlich Abwehr. Greift man dann unbedarft zu, ist ein Biß meist schon vorprogrammiert. Deswegen faßt man das Tier möglichst nicht an, bis es sich wieder beruhigt hat. Eine noch nicht zahme Ratte, die beim Greifen quiekt und aus Angst eventuell zwickt, muß man an die Hand gewöhnen. Man sollte sich intensiv mit ihr beschäftigen und ihr immer wieder zeigen, daß nichts Schlimmes passiert, wenn man sie festhält. Vernachlässigt man das Tier, wird es sich immer mehr vom Menschen entfremden und u.U. zum Angstbeißer werden.

Ratten, die mit dem Menschen spielen, kneifen manchmal aus Übermut in den Finger oder in die Füße. Dreht man die Ratten dann auf den Rücken, unterwirft man sie im Spiel und demonstriert somit Überlegenheit.

Ratten, die schlechte Erfahrungen mit dem Menschen gemacht haben, sind häufig nur mit viel Geduld wieder vom Gegenteil zu überzeugen. Dies kann z.B. bei älteren, scheuen Tierheimratten der Fall sein. Erfahrene Rattenhalter können solch verängstigten Tieren eine zweite Chance geben.

Es kann vorkommen, daß zwei annähernd gleich starke geschlechtsreife Rattenböcke ihre Rangordnung nicht klären können und sich ständig streiten. Läßt

Ratten mögen es gemütlich.

man einen Bock kastrieren, hören die Auseinandersetzungen erfahrungsgemäß auf und man braucht die Tiere nicht zu trennen.

BESCHÄFTIGUNG

Ratten gehören zu den wenigen Kleintieren, die auch von sich aus den Kontakt zum Menschen suchen. Beim täglichen Freilauf werden sie die Beziehung zu ihrem Pfleger vertiefen. Damit sich Ratten rundum wohl fühlen, brauchen sie aber Artgenossen: Schon im Welpenalter wird Sozialverhalten geübt. Sie jagen sich im Spiel und trainieren die Rangordnungskämpfe, um danach eng aneinandergekuschelt einzuschlafen. Hält man eine Ratte einzeln, nimmt man ihr damit ein Stück Lebensqualität.

Badewannen sind gefährlich; an den glatten Wänden kann die Ratte nicht wieder herausklettern.

WENN DIE RATTE AUSREISST

Manch eine Ratte ist der reinste Ausbruchskünstler. Hat sie einmal den Dreh heraus, daß man sich nur etwas kräftiger gegen das Käfigtürchen lehnen muß, um es aufzubekommen, wird sie sich öfter einen aufregenden Ausflug genehmigen wollen. Kleine Schlösser oder Karabinerhaken an den Käfigtüren schützen die Tiere vor Schaden.

TIP: Die für Ratten geeigneten Streifenhörnchen- oder Chinchillaheime sind in der Regel ausbruchssicher konstruiert.

Um zu vermeiden, daß die neugierigen Ratten an gefährlichen und für den Pfleger schwer zugänglichen Stellen verschwinden, werden die zugänglichen Räume rattensicher gemacht (siehe Gefahren beim Freilauf, S. 27). Ist eine Ratte entwischt, lockt man sie mit einem Leckerbissen hervor. Erfahrungsgemäß kommen zahme Ratten sehr schnell wieder zu ihrem Pfleger. Bei noch scheuen Ratten kann es länger dauern. Hilft

Die Schulter ist ein beliebter Sitzplatz.

auch gutes Zureden nichts, stellt man das Heim mit gut duftendem Futter in die Nähe des Schlupfwinkels. Auch eine scheue Ratte wird, wenn sie hungrig und durstig geworden ist, nicht mehr widerstehen können.

KINDER UND RATTEN

Viele Kinder wünschen sich Ratten zum Streicheln und Liebhaben. Es ist für sie eine schöne und wichtige Erfahrung, mit Tieren aufzuwachsen. Doch Kinder können in ihren Interessen sprunghaft sein. Die

Begeisterung für die Ratten sollte deshalb bei allen Familienmitgliedern vorhanden sein. Dem Kind sollte auch nicht die alleinige Verantwortung aufgebürdet werden.

Es werden Situationen entstehen, in denen sich die Ratten nicht wie vom Kind gewünscht verhalten. Die Tiere dürfen aber weder aus dem Schlaf gerissen noch, wenn auch aus Zuneigung, gedrückt werden. Während sie essen, trinken oder sich putzen, möchten sie nicht aus dem Heim genommen werden.

Die Fortpflanzung

Unsere Ratten bekommen Nachwuchs

Manch ein frischgebackener Rattenhalter erwirbt unwissentlich eine Großfamilie, wenn eine Rättin schon vor der Abgabe gedeckt wurde.

Deshalb sollte man unbedingt darauf achten, daß weibliche Tiere nicht mit Böcken über der 6. Lebenswoche zusammen in einem Käfig gehalten werden. Rättinnen sind sehr früh geschlechtsreif, erfahrungsgemäß schon mit 5 bis 6 Wochen. Böcke sind meist mit 6 Wochen zeugungsfähig. Werden die Wurfgeschwister nicht zwischen 5 und 6 Wochen nach Geschlecht voneinander getrennt oder lebt der Vater im selben Rattenheim, paaren auch sie

Auch trinken tun die gesellligen Ratten gern gemeinsam.

**Die Jungen kommen nackt
und blind zur Welt.**

sich untereinander. Sind die
Tiere nicht nach Geschlechtern getrennt untergebracht
und erscheinen älter als
6 Wochen, rate ich vom
Kauf von weiblichen Tieren
ab.

LIEBER NICHT
VERMEHREN!

Sicher klingt es verlockend,
Rattenbabys aufwachsen zu
sehen. Es mag nichts dage-

Nach 10 Tagen sind die Kleinen bereits behaart.

gen sprechen, wenn man bereit ist, 8 bis 15 Tiere zu behalten, die aus einem einzigen Wurf hervorgehen können. Ein zweites geräumiges Rattenheim für den Vater und die Söhne sollte dann vorhanden sein. Auch ein doppelter Zeitaufwand ist nötig, da man eine zweite „Laufgruppe" hat. Schwierig wird es dann, wenn man von den zunächst sehr interessierten potentiellen Abnehmern der Jungtiere letztlich doch Absagen bekommt und nicht mehr weiß, wohin man die Jungtiere abgeben soll.

Einige Zoofachhandlungen nehmen junge Ratten aus Privathand zum Verkauf an. Man sollte sich jedoch vor Augen halten, daß Ratten von dort auch als Futtertiere für Reptilien bezogen werden könnten. Dies würde dem jungen Rattenleben ein jähes Ende setzen. Zoofachhandlungen können keine Garantie abgeben, daß Ratten nicht an Reptili-

en- oder Exotenhalter verkauft werden, da diese sich nicht unbedingt zu erkennen geben.

Über Kleinanzeigen, in denen manchmal Ratten gesucht werden, finden sich meist keine geeigneten Abnehmer. Man möchte ja wissen, ob es dem wochenlang umhegten Nachwuchs später gut geht.

VORSICHT: Leider hat die steigende Beliebtheit von Farbratten auch einen Negativ-Boom in den Tierheimen bewirkt, die nicht selten über 50 Ratten einsitzen haben.

Überlegen Sie also vorher genau, ob Sie dem Nachwuchs auch nach der Abgabe in andere Hände ein gutes Leben bieten können. Die Verantwortung liegt bei Ihnen!

Von einer unkontrollierten Vermehrung von Ratten rate ich auch aus anderen

Gründen ab: Man kann davon ausgehen, daß Tiere, die zum gleichen Zeitpunkt aus der Zoofachhandlung geholt werden, eng miteinander verwandt sind. Verpaart man diese, liegt zwangsläufig Inzucht vor. Diese kann zu genetischen Defekten sowie äußerlich sichtbaren Mißbildungen

Ratten gibt es in vielen Farben, mit und ohne Zeichnung.

Im Spiel üben die jungen Ratten Verhaltensweisen der Erwachsenen ein.

beim Nachwuchs führen. Erfahrungsgemäß verringert sich die Lebensdauer bei Inzucht-Ratten.

VORAUSSETZUNGEN ZUR ZUCHT

Wer Ratten züchten und nicht nur vermehren möchte, muß Kenntnis von Genetik haben und diese auch anwenden. Als oberstes Ziel hat ein verantwortungsbewußter Züchter Gesundheit und Charakter. Zweitrangig sind Zeichnung und Farbe. Erfreulich ist es natürlich, wenn man bei körperlich und im Wesen gesunden Tieren auch noch die ge-wünschte Farbe und Zeichnung erreicht. Der Züchter läßt sich auch nach der Abgabe seiner Tiere über sie informieren, um über die Krankheitsanfälligkeit und den Charakter seiner Zuchtstämme Auskunft zu erhalten. Er achtet darauf, daß die Tiere nur in gewissenhafte Hände abgegeben werden und steht den Haltern auch nach der Abgabe mit Rat und Tat zur Seite. Mit der Zucht ist eine große Verantwortung für den Nachwuchs, aber auch Zeit- und Geldaufwand verbunden. Es handelt sich um Lebewesen, die keinen Schutz haben, falls der neue Halter nicht mit ihnen umzugehen weiß!

Deshalb empfiehlt es sich, daß Ratten nur mit Schutzvertrag abgegeben werden. Einen solchen Vertrag kann man leicht selbst entwerfen. Wichtig ist eine Klausel, die besagt, daß man als Vorbesitzer die artgerechte Haltung der Ratten jederzeit überprüfen und die Tiere im Zweifelsfall sofort zurückverlangen kann, wenn die Lebensbedingungen der

TIP: Einen vorformulierten Schutzvertrag können Sie über die Infoline anfordern.

Die Jungen sind 5 Tage alt.

Ratten nicht in Ordnung sind.

Selbstverständlich sollte es sein, daß die Ratten nicht einzeln, sondern nur in gleichgeschlechtlichen Gruppen abgegeben werden. Bei einer Zucht kommt es übrigens nicht auf die Anzahl der Würfe im Jahr an. Auch eine einmalige Verpaarung von Ratten mit den richtigen Zielen bedeutet Zucht.

ELTERNTIERE

Die Elterntiere sollen nicht miteinander verwandt sein. Sie müssen gesund sein, einen guten Charakter aufweisen und dürfen dem Menschen gegenüber nicht

scheu oder gar bissig sein. Eine Rättin sollte man nicht vor dem 6. Lebensmonat decken lassen, da sie vorher nicht ausgewachsen ist. Der Nachwuchs ist dann meist kleinwüchsiger als der einer ausgewachsenen Rättin. Eine Rättin, die älter als 12 Monate ist, sollte man ebenfalls keine Jungen mehr bekommen lassen.

Es gibt bei zu jungen bzw. zu alten Rattenmüttern nicht selten Schwierigkeiten

VORSICHT: Kennt man das Erbgut der Elterntiere nicht, können selbst bei zwei dunklen Ratten einige Albinos unter dem Nachwuchs sein.

bei der Geburt, die ihr Leben und das der Welpen gefährden können.

PAARUNG

Die Hitzephase einer Rättin erkennt man daran, daß ihre Ohren vibrieren, sie den Rücken streckt und das Hinterteil mit dem Schwanz anhebt. Regelmäßig „heiß" wird natürlich auch eine Rättin, die keinen Kontakt zu einem Bock hat.

Auch unter gleichgeschlechtlichen Tieren kann es eine Scheinbegattung geben. Dies ist bei Rättinnen und ebenso bei Böcken zu beobachten.

Wird die Rättin außerhalb ihrer Hitzephase mit einem Rattenbock zusammengesetzt, ist sie dennoch schnell paarungsbereit. Anfangs wird sie den Bock noch abwehren. Empfehlenswert ist es deshalb, die Tiere nicht im Rattenheim miteinander bekannt zu machen, da nicht gesagt ist, daß sie sich mögen werden. Hier muß die „Chemie" stimmen. Meist geht der Paarung, die äußerst schnell vonstatten geht und nur Sekunden dauert, ein ungefährliches „Jagen" voraus. Ist die Rättin bereit, bleibt sie mit hochgerecktem Hinterteil vor dem Bock stehen und läßt sich begatten. Nach der Paarung belecken sich die

Die Mutter packt die Jungen zum Transportieren am Nackenfell.

Tiere die Genitalien, um kurz darauf das Liebesspiel wieder aufzunehmen. Die Begattung wird häufig wiederholt und ist nach ein bis zwei Stunden beendet.

TIP: Am besten notiert man sich das Paarungsdatum; daraus läßt sich der genaue Geburtstermin errechnen.

TRÄCHTIGKEIT

Die Tragzeit beträgt bei Rättinnen 21 Tage (plus/minus einen Tag). Ist die Rättin mehr als einen Tag überfällig, sollte man sie einem Tierarzt vorstellen, der versuchen kann, über wehenfördernde Mittel die Geburt auszulösen. Die Rättin sollte vorher geröntgt werden, damit man entscheiden

kann, ob die Einleitung einer Geburt die richtige Maßnahme ist.

In schwierigen Fällen kann ein Kaiserschnitt lebensrettend für die Rättin werden. Wenn man viel Glück hat, überleben die Jungtiere, und die Rättin nimmt die Welpen sofort nach der Narkose zum Aufziehen an. Wie auch beim Menschen ist die Rattengeburt mit Risiken verbunden, deswegen sollte man vorher vorsichtshalber mit seinem Tierarzt abklären, ob er im Notfall auch außerhalb der Sprechstunde erreichbar ist.

Bei der Ernährung achtet man während der Trächtigkeit auf besonders ausgewogene Kost. Die trächtige Rättin hat einen erhöhten Energiebedarf, man verdoppelt daher die gewohnte Futtermenge. Zusätzlich gibt man verstärkt Vitamine (Obst und Gemüse) und etwas eiweißhaltigeres Futter (z.B. Joghurt, Käse oder Babybrei).

Die Rättin wird in den letzten Tagen vor der Geburt schwerfällig und kann andere Verhaltensweisen als üblich zeigen. Mitunter wird sie sich gegenüber anderen Ratten und dem Menschen aggressiv zeigen.

Jeder Streß für das Tier ist zu vermeiden. Beim Hochnehmen der Rättin muß man darauf bedacht sein,

Diese jungen Farbratten sind 16 Tage alt.

Viele Farbratten sind interessant gezeichnet.

Ratte mit Husky-Zeichnung

die Jungen im Mutterleib nicht zu drücken oder zu quetschen.

Der Rattenbock sollte vor der Geburt des Nachwuchses von der Rättin getrennt werden, da sie direkt nach dem Werfen wieder aufnahmebereit ist und begattet werden kann.

Die Rättin darf allerdings nicht von ihrer angestammten Gruppe getrennt werden. Die anderen Weibchen werden sich meist an der Jungenaufzucht und Erziehung der Welpen beteiligen. Es wäre unnötiger Streß für das Muttertier, von der gewohnten Gruppe und Umgebung getrennt zu werden.

GEBURT

Die Geburt erfolgt meist nachts oder in den frühen Morgenstunden. Die trächtige Rättin wird zusehends unruhiger und richtet verstärkt das Wurfnest her. Es kann sein, daß sich das Weibchen kurz vor der Geburt für einen anderen Nestplatz entscheidet, was damit zusammenhängen kann, daß sie sich vom Menschen gestört fühlt. Man sollte seine verständliche Neugierde daher zügeln.

Neugeborene Rattenjunge fiepsen – setzt man sich also ruhig vor das Rattenheim hin, hört man, ob die

Jungen auf der Welt sind. Manchmal kann es vorkommen, daß eine Rattenmutter nicht gesunde Jungtiere an- oder auffrißt. Ist die Rättin vor oder nach der Geburt Streß ausgesetzt worden, kann dies auch bei gesunden Welpen vorkommen. Es ist sehr wichtig, einige Stunden nach der Geburt die Mutter auf ihren Gesundheitszustand zu kontrollieren. Dabei tastet man unter anderem auch ihren Bauch ab, um zu schauen, ob keine Welpen im Bauch zurückgeblieben sind. Säugt die Rättin ihren Nachwuchs gerade nicht und hält sich außerhalb des Nestes auf, sollte man sie kurz aus dem Heim nehmen, um auch die Welpen zu kontrollieren. Wie viele Jungtiere sind es? Sind sie gesund? Eventuelle Totgeburten entfernt man aus dem Nest.

ENTWICKLUNG

Rattenwelpen sind Nesthocker. Sie kommen nackt und blind auf die Welt und sind für die nächsten Wochen auf die Pflege ihrer Mutter angewiesen.

Betrachtet man die nackten Welpen genauer, erkennt man noch unverdaute Muttermilch im Magen der Jungtiere als hellen Fleck. Die Zehen und Krallen sind schon bei der Geburt voll ausgebildet, die Tasthaare sind vorhanden.
Die kleinen Ohren liegen bei der Geburt geschlossen am Kopf an, zwischen dem 2. und 3. Tag öffnen sie sich.
Ob die Tiere eine helle oder dunkle Färbung haben werden, erkennt man schon in den ersten Tagen deutlich. Schwarze Augen sieht man als dunklen Umriss unter der Haut.
Am 8. Tag sieht man deutlich die Tasthaare.
Zwischen dem 14. und 16. Tag öffnen sich die Augen. Zuerst blinzeln die kleinen Ratten noch durch Schlitzaugen, nach ca. 24 Stunden werden daraus große runde Kulleraugen, die neugierig ihre Umwelt wahrnehmen.

Bis zur Augenöffnung haben die Welpen noch kurzes, glattes Fell. Mit ca. 3 Wochen entwickelt sich das Jungtierfell. Später beginnt ein erneuter Fellwechsel vom Jungtier- zum Erwachsenenhaarkleid.
Schon vor dem Augenöffnen erkunden die Jungtiere ihre Umgebung. Allerdings werden sie schnell wieder von der Mutter eingesammelt und ins Nest zurückgetragen. Während die Mutter sie im Nackengriff trägt, fallen sie in Tragstarre. Es ist völlig normal, wenn die Rättin ihren Nachwuchs auch einmal für eine halbe Stunde alleinläßt.
Am üblichen Tagesablauf muß nichts geändert werden. Auch eine säugende Rättin möchte ihren täglichen Auslauf genießen und ihren Bewegungsdrang ausleben. In dieser Zeit kann man nach dem Nachwuchs schauen. Tut man dies, während die Rättin zusammen mit ihrem Wurf im Nest sitzt, wird sie naturbedingt ihren Nachwuchs gegen den Eindringling verteidigen.
Ab der 2. Lebenswoche

Es gibt mehrere braune Farb-schläge.

Wurfgeschwister sind oft sehr ähnlich gezeichnet.

sollte man die Welpen täglich für kurze Zeit in die Hand nehmen, um sie an den Menschen zu gewöhnen. Es wäre fatal, die Jungtiere erst mit 4 bis 5 Wochen anzufassen und sich erst dann mit ihnen zu beschäftigen und sie zu erziehen. Dann wäre der Mensch etwas Fremdes, aus ihrer

Sicht sogar Bedrohliches. Solch vernachlässigte Ratten bleiben vielleicht ihr Leben lang scheu und ängstlich dem Menschen gegenüber.

So klein Rattenwelpen erscheinen mögen, sie sind richtige Energiebündel. Höhen können sie allerdings noch nicht abschätzen. Deshalb setzt man sich am besten auf die Couch oder auf den Boden, wenn man sich mit den Jungtieren beschäftigt. Ein plötzlicher Sprung aus der Menschenhand könnte böse Folgen haben! Mit ca. 3 Wochen kann man beobachten, daß die kleinen Ratten anfangen, zusätzlich

TIP: Zu empfehlen ist es, den Jungtieren nach dem Absetzen von der Mutter bis zur 10. Lebenswoche handelsübliche Babynahrung zuzufüttern, um eine optimale Entwicklung zu gewährleisten.

zur Muttermilch feste Nahrung aufzunehmen.

GESCHLECHTS-BESTIMMUNG

Erfahrene Rattenhalter können schon kurz nach der Geburt das Geschlecht der Jungtiere nennen. Eine Geschlechtsbestimmung zwischen der 4. und 5. Lebenswoche reicht jedoch völlig aus.

Ab der 3. oder 4. Lebenswoche sieht man bei Böcken deutlich die Hoden. Bei neugeborenen Böcken liegen die Hoden noch in der Bauchhöhle. Sie senken sich später in den Hodensack. Weibliche Tiere haben sechs Zitzenpaare. Drei an der Brust, eines am Bauch und zwei in der Leistengegend. Schon in den ersten Lebenstagen kann man bei den Weibchen die Zitzen erkennen. Der Abstand zwischen der Geschlechtsöffnung und dem After ist bei Rättinnen geringer als bei Böcken.

Ist man sich kurz vor dem Erreichen der Geschlechtsreife dennoch nicht sicher, was für Geschlechter die Jungtiere haben, ist es zu empfehlen, mit dem Nachwuchs einen kompetenten Tierarzt oder einen erfahrenen Rattenhalter aufzusuchen.

Denn läßt man einen Bock

nach Erreichen der Geschlechtsreife bei seinen Geschwistern und der Mutter, wird dies viele trächtige Rättinnen zur Folge haben.

TIP: Mit ungiftigen, unterschiedlich farbigen Stiften wird an der Schwanzwurzel eine farbige Markierung angebracht, z.B. rot für weibliche Tiere, schwarz für männliche. So fällt die Unterscheidung auch ein paar Tage später nicht schwer.

FLASCHENKINDER

Ist die Mutter nicht in der Lage, ihren Wurf selbst zu säugen, wäre es natürlich ideal, wenn sich eine andere Rättin der Welpen annimmt. Ist dies nicht machbar, muß der Mensch einspringen. Mittels einer Pipette kann man die kleinen Ratten aufziehen. Die Chance, sie auf diese Weise durchzubekommen, wächst mit jedem Lebenstag, den sie vorher von der Mutter gesäugt wurden. Es ist notwendig, die Welpen alle zwei Stunden, selbstverständlich auch nachts, zu füttern. Wichtig ist nach jedem Füttern eine Bauchmassage mit dem Finger oder einem feinen Pinsel im Uhrzeigersinn, um die Verdauung anzuregen. Im

Uhrzeigersinn deshalb, weil die Darmschlingen in dieser Richtung verlaufen.
Die Rattenkinder müssen unbedingt warm gehalten werden. Eine für Dauerbetrieb geeignete Wärmelampe (Rotlicht ist nicht geeignet!) in ausreichendem Abstand vom Rattennest aufgestellt, ersetzt den Welpen die fehlende Körperwärme der Mutter.
Als Aufzuchtnahrung kann 100 ml Kaffeesahne, versetzt mit einem Eiklar, oder Babybrei verwendet werden. Eine Zugabe von Vitaminpulver und Kalk (gut für den Knochenaufbau) und einem Präparat, das die Verdauung anregt, Durchfall vermeidet und die Darm-

flora stabilisiert, ist empfehlenswert. Lassen Sie sich am besten von Ihrem Tierarzt beraten.

FARBEN UND ZEICHNUNGEN

Farbratten gibt es in der Zwischenzeit in vielen verschiedenen Färbungen und Zeichnungen. In England und Schweden gibt es bereits einen Farb- und Zeichnungsstandard. Trotz aller Schönheit sollte aber immer der Charakter und die Gesundheit des Tieres im Vordergrund stehen.
Die einzelnen Farbschläge und Zeichnungen der Ratten werden auf Seite 63 vorgestellt.

Schöne Aussichten ...

LITERATUR

Fox, Susan: Rats. T.F.H. Publications, USA.
Lorz, Albert: Mein Haustier. 2. Auflage. Rechtsratgeber im dtv.
May, Nick: The proper Care of fancy Rats. T.F.H. Publications, USA.
Olds, Roland J. und **Joan R.:** Farbatlas der Anatomie der Ratte. Schober Verlags-GmbH 1984.

ADRESSEN

Verein der Rattenliebhaber und -züchter in Deutschland e.V. (VdRD)
Postfach 15 03 24
60063 Frankfurt/M.

Club der Rattenfreunde Schweiz
Deborah Millet
CH-9546 Tuttwil

Internationale Rattenfokkers/Fanclub
Ledenadministratie
Teldersweg 237
NL-3052 TH Rotterdam

REGISTER

BILDNACHWEIS

Farbfotos von Angermayer/ Reinhard (1, S. 16), Peter Beck (5, S. 4o, 18u, 20r, 21l, 27u), Horst Bielfeld (5, S. 5u, 17m, 18o, 54, 55u), Richard Crowley (1, S. 23), Sandra Czerny-Krebs (3, S. 1l, 44o, 47), Anette Düdder (1, S. 5o), Gini Kegel (2, S. 9o, 46u), Andrea Langos (11, S. 1m, 2o, 2u, 17u, 28o, 35, 41u, 48o, 48u, 51u, Klappe unten), Christine Mommer (1, S. 10u), Marlies Ortmann (1, S. 12), Reinhard-Tierfoto (7, S. 4u, 6u, 14, 45o, 51o, 56o, Klappe oben), Heinz Schrempp (1, S. 6o), Christine Steimer (alle übrigen 41 Aufnahmen), Petra Tresbach (1, S. 42o), Natalie Wagener (5, S. 13o, 21r, 22o, 33o, 59), Corina Weihermann (1, S. 58o) und Erika Weiß-Geißler (4, S. 36o, 36m, 38, 50).

IMPRESSUM

Umschlaggestaltung von Atelier Reichert, Stuttgart, unter Verwendung von 4 Farbaufnahmen von Christine Steimer (3) und Andrea Langos (Rückseite rechts).

Mit 91 Farbfotos und 13 Farbzeichnungen von Heiko Pulcher (12) und Ruth Fritzsche (1, S. 32).

Die Autorin bedankt sich bei Anette Düdder, Silvia Gerner, Simone Grigat, Eva Haiduk, Felicitas Ingendahl, Tina Kochner, Anke Schneider und Melanie Wiesler.

Die Deutsche Bibliothek – CIP-Einheitsaufnahme

Langos, Andrea:
Pfiffige Ratten / Andrea Langos. – Stuttgart : Kosmos, 1997
  (Dem Kosmos-Rat vertrauen)
  ISBN 3-440-07454-4

© 1997, Franckh-Kosmos Verlags-GmbH & Co., Stuttgart
Alle Rechte vorbehalten
ISBN 3-440-07454-4
Lektorat: Angela Beck
Grundlayout: Atelier Reichert, Stuttgart
Gestaltung: Gisela Dürr, München
Satz: ad hoc! Typographie, Ostfildern
Printed in Italy/Imprimé en Italie
Druck und Buchbinder: Printer Trento S. r. l., Trento